알파벳 · 단어

NEW 영어교과서 따라쓰기

기획 : Y&M 어학연구소

와이 앤 엠

차 례

NEW 영어교과서 따라쓰기

알파벳 A·a의 대문자와 소문자를 써 봅시다.

APPLE

에 이   A A A A A

ant

에 이   a a a a a a a

알파벳 a로 시작하는 단어를 따라 써 봅시다.

aunt

아주머니 · 앤트

air

공기 · 에어ㄹ

animal

동물 · 애니멀

알파벳 A·a의 대문자와 소문자를 써 봅시다.

  BAG

비 이

 ball

비 이

알파벳 a로 시작하는 단어를 따라 써 봅시다.

bear

곰 · 베어ㄹ

bear

bear

bear

bed

침대 · 뱃

bed

bed

bed

banana

바나나 · 버내너

banana

banana

banana

알파벳 A·a의 대문자와 소문자를 써 봅시다.

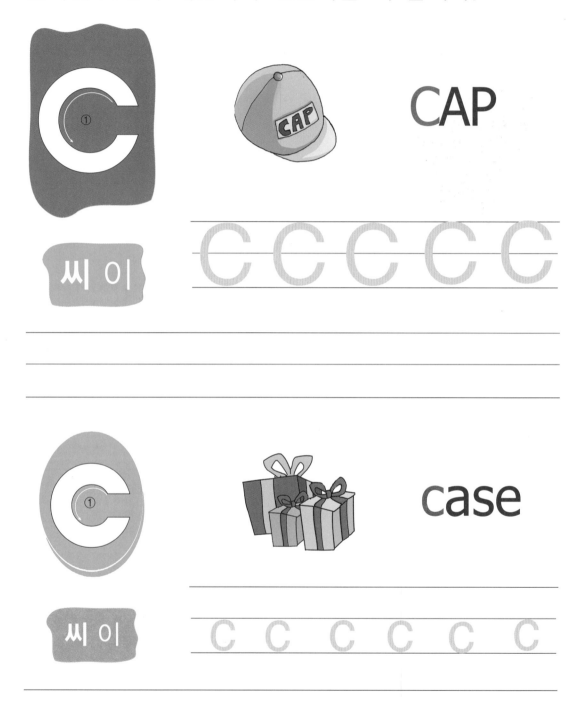

CAP

씨 이

C C C C C

case

씨 이

C C C C C C

알파벳 a로 시작하는 단어를 따라 써 봅시다.

cake

케이크 · 케이크

cake

cake

cake

car

자동차 · 카ー르

car

car

car

candy

사탕 · 캔디

candy

candy

candy

알파벳 A·a의 대문자와 소문자를 써 봅시다.

DOG

디 이

D D D D D

doll

디 이

d d d d d d d

알파벳 a로 시작하는 단어를 따라 써 봅시다.

deer

사슴 · 디얼

dish

접시 · 디쉬

desk

책상 · 데스크

deer　　dish　　desk

deer　　dish　　desk

deer　　dish　　desk

알파벳 대문자와 소문자가 같은 것끼리 선으로 연결해 봅시다.

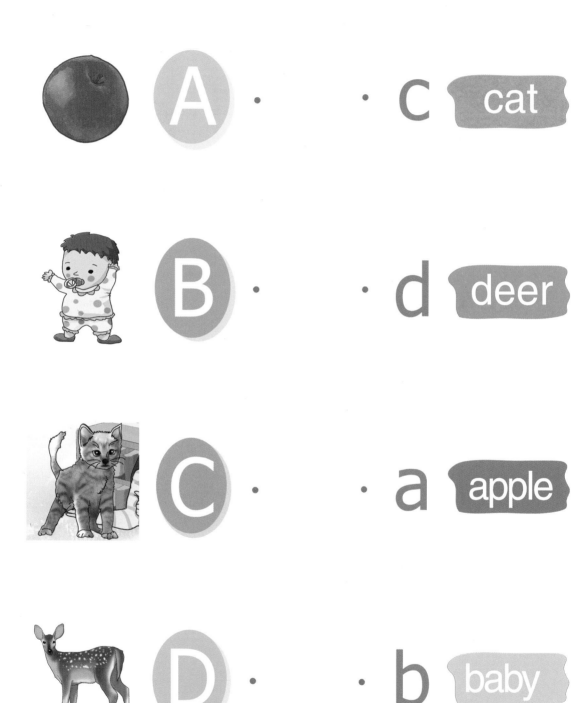

A   ·   ·   c   cat

B   ·   ·   d   deer

C   ·   ·   a   apple

D   ·   ·   b   baby

다음 그림 속의 알파벳 숫자가 몇 개인지 오른쪽에 써보세요.

a=☐
b=☐
c=☐
d=☐

알파벳 A·a의 대문자와 소문자를 써 봅시다.

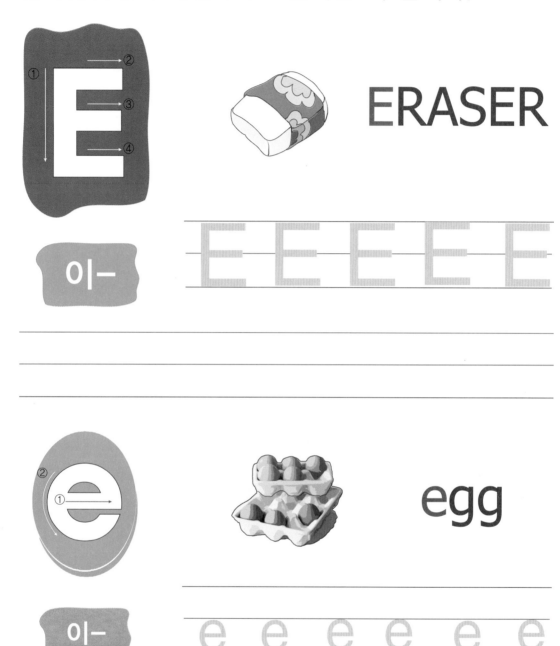

이-

ERASER

이-

egg

알파벳 a로 시작하는 단어를 따라 써 봅시다.

earth
지구 · 어-ㄹ쓰

eye
눈 · 아이

evening
저녁 · 이브닝

earth   eye   evening

earth   eye   evening

earth   eye   evening

알파벳 A·a의 대문자와 소문자를 써 봅시다.

FRUIT

에 프

F F F F F

father

에 프

f f f f f f f

알파벳 a로 시작하는 단어를 따라 써 봅시다.

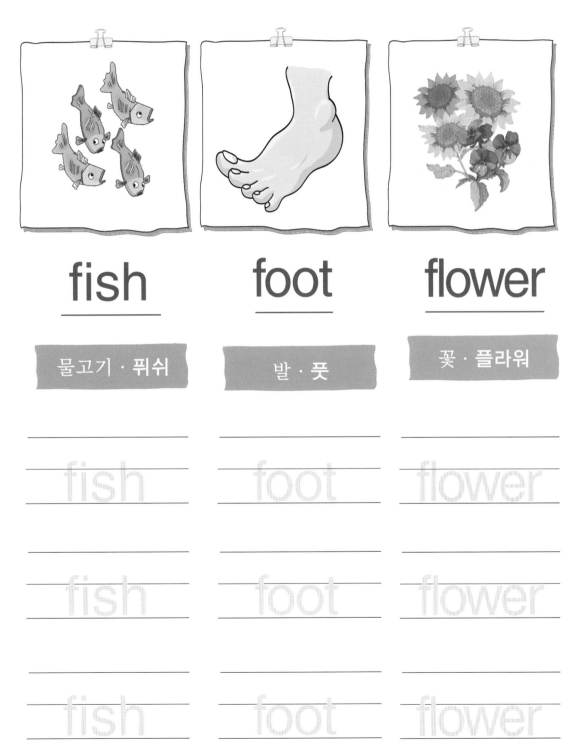

fish
물고기 · 퓌쉬

foot
발 · 풋

flower
꽃 · 플라워

알파벳 A·a의 대문자와 소문자를써 봅시다.

GIRL

쥐 이

G G G G G

glove

쥐 이

g g g g g g g g g

알파벳 a로 시작하는 단어를 따라 써 봅시다.

grass   gas   grape

잔디 · 그뢰쓰   가스 · 개스   포도 · 그뢰입

grass   gas   grape

grass   gas   grape

grass   gas   grape

알파벳 A·a의 대문자와 소문자를 써 봅시다.

에이취   H H H H H H H

에이취   h h h h h h h

알파벳 a로 시작하는 단어를 따라 써 봅시다.

house	hair	hotel
집 · 하우스	머리카락 · 헤얼	호텔 · 호텔

house   hair   hotel

house   hair   hotel

house   hair   hotel

알파벳 대문자와 소문자가 같은 것끼리 선으로 연결해 봅시다.

알파벳 A·a의 대문자와 소문자를 써 봅시다.

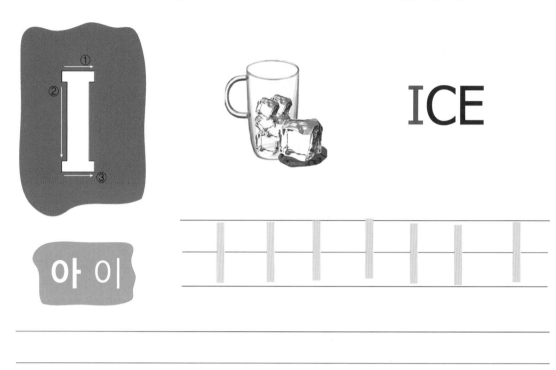

ICE

아 이

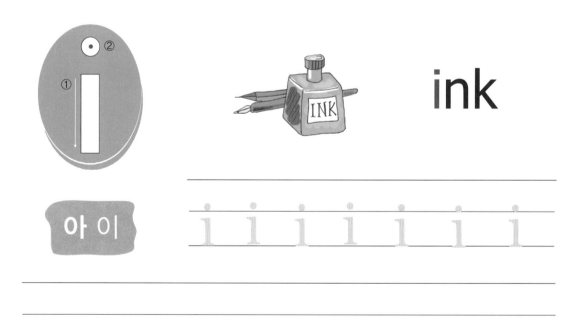

ink

아 이

알파벳 a로 시작하는 단어를 따라 써 봅시다.

island

insect

idea

섬 · 아일런드

곤충 · 인섹트

생각 · 아이디어

island   insect   idea

island   insect   idea

island   insect   idea

알파벳 A·a의 대문자와 소문자를 써 봅시다.

JUICE

J J J J J J J

jam

j j j j j j j j

30

알파벳 a로 시작하는 단어를 따라 써 봅시다.

job

직업 · 좝

jump

뛰어오르다 · 점프

jacket

상의,재킷 · 재킷

job

jump

jacket

job

jump

jacket

job

jump

jackett

알파벳 A·a의 대문자와 소문자를 써 봅시다.

  KEY

케이 K K K K K

  king

케이 k k k k k k

알파벳 a로 시작하는 단어를 따라 써 봅시다.

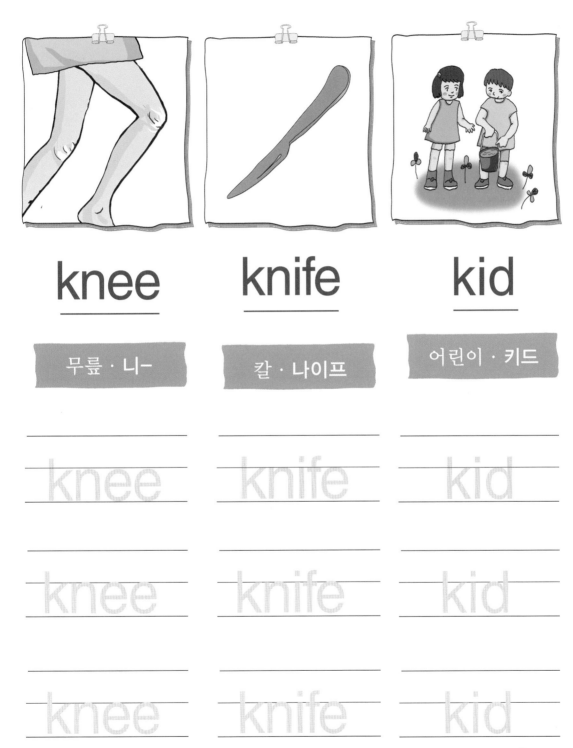

knee

무릎 · 니-

knife

칼 · 나이프

kid

어린이 · 키드

알파벳 A·a의 대문자와 소문자를 써 봅시다.

LION

엘

lamp

엘

알파벳 a로 시작하는 단어를 따라 써 봅시다.

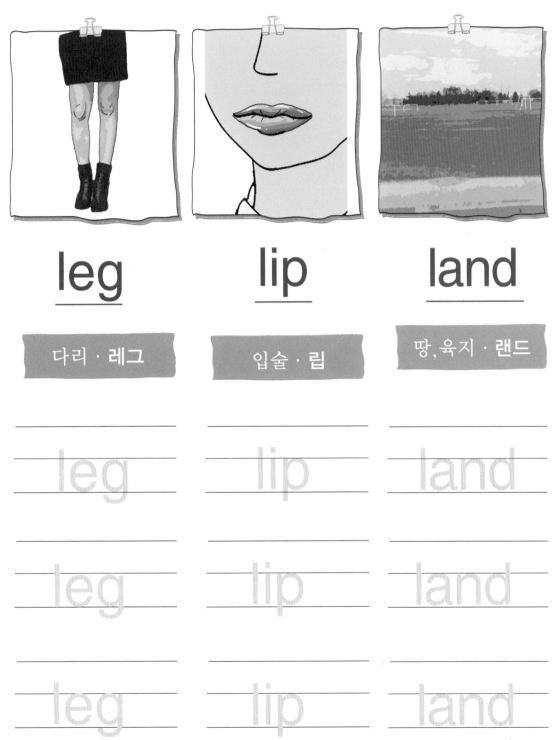

leg

다리 · 레그

leg

leg

leg

lip

입술 · 립

lip

lip

lip

land

땅, 육지 · 랜드

land

land

land

알파벳 대문자와 소문자가 같은 것끼리 선으로 연결해 봅시다.

I ·   · l leg

L ·   · i ice

k ·   · j juice

J ·   · k key

알파벳 A·a의 대문자와 소문자를 써 봅시다.

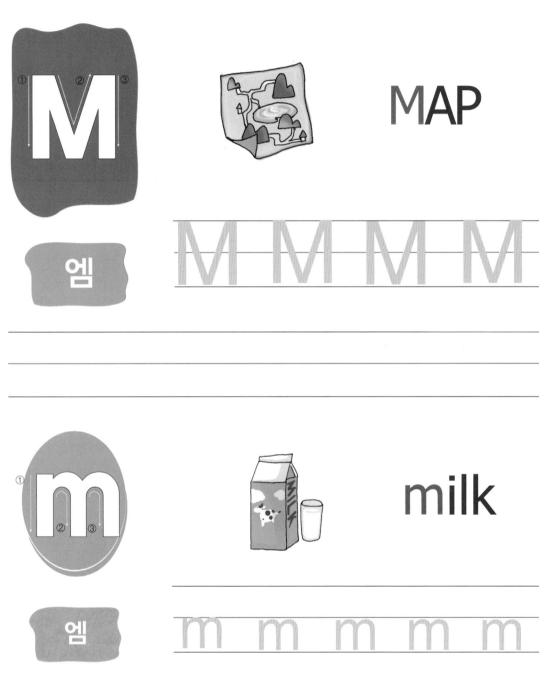

MAP

엠

M M M M

milk

엠

m m m m m

알파벳 a로 시작하는 단어를 따라 써 봅시다.

market

시장 · 마-ㄹ킷

market

market

market

mail

우편 · 메일

mail

mail

mail

man

남자 · 맨

man

man

man

알파벳 A·a의 대문자와 소문자를 써 봅시다.

  NURSE

엔

N N N N N

 news

엔

n n n n n n

알파벳 a로 시작하는 단어를 따라 써 봅시다.

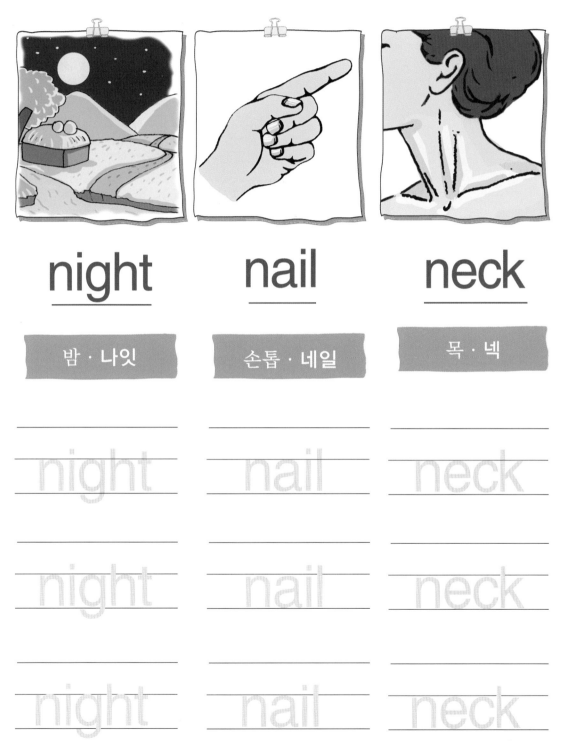

night

밤 · 나잇

nail

손톱 · 네일

neck

목 · 넉

night

nail

neck

night

nail

neck

night

nail

neck

알파벳 A·a의 대문자와 소문자를 써 봅시다.

ORANGE

오우

O O O O O

old

오우

O O O O O O O

알파벳 a로 시작하는 단어를 따라 써 봅시다.

oven

one

oil

오븐 · 오븐

하나 · 원

기름 · 오일

oven

one

oil

oven

one

oil

oven

one

oil

알파벳 A·a의 대문자와 소문자를 써 봅시다.

PARK

P P P P P

pen

p p p p p p

알파벳 a로 시작하는 단어를 따라 써 봅시다.

pig

돼지 · 픽

piano

피아노 · 피애노우

plane

비행기 · 플레인

알파벳 대문자와 소문자가 같은 것끼리 선으로 연결해 봅시다.

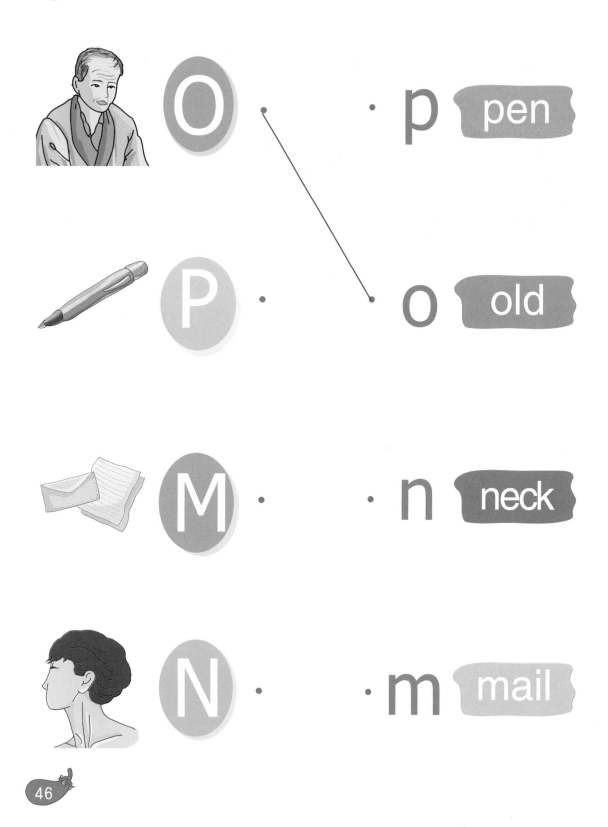

O · · p pen

P · · o old

M · · n neck

N · · m mail

알파벳 대문자와 소문자가 서로 맞게 선으로 연결해 보세요.

알파벳 A·a의 대문자와 소문자를 써 봅시다.

QUEEN

큐-

Q Q Q Q Q Q

quiz

큐-

q q q q q q q q

알파벳 q로 시작하는 단어를 따라 써 봅시다.

quickly

빨리 · 퀴클리

quick

빠른 · 퀵

question

질문 · 퀘스천

quickly quick question

quickly quick question

quickly quick question

알파벳 A·a의 대문자와 소문자를 써 봅시다.

RIVER

아-르

R R R R R

rose

아-르

r r r r r r r r

알파벳 a로 시작하는 단어를 따라 써 봅시다.

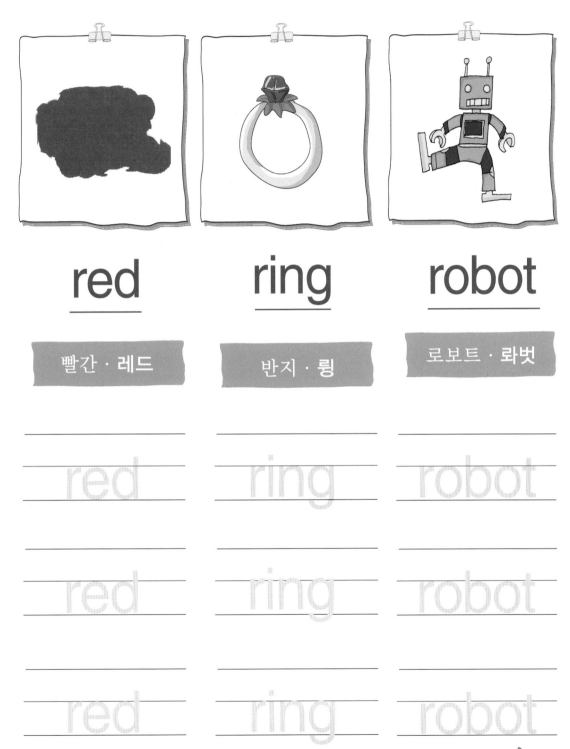

red

빨간 · 레드

ring

반지 · 링

robot

로보트 · 롸벗

red   ring   robot

red   ring   robot

red   ring   robot

알파벳 A·a의 대문자와 소문자를 써 봅시다.

SNOW

S S S S S

star

S S S S S S

알파벳 a로 시작하는 단어를 따라 써 봅시다.

school

학교 · 스꾸-울

school

school

school

sky

하늘 · 스까이

sky

sky

sky

shoe

신발 · 슈-

shoe

shoe

shoe

알파벳 A·a의 대문자와 소문자를 써 봅시다.

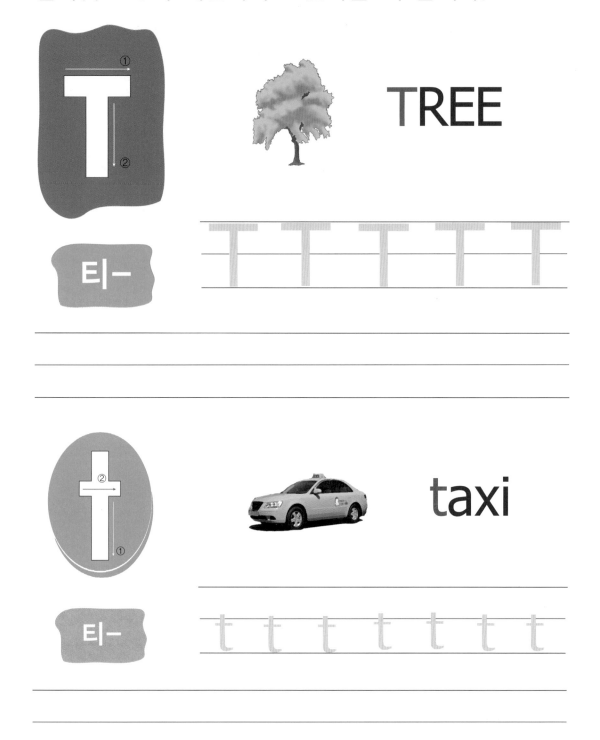

T

티-

TREE

taxi

티-

알파벳 a로 시작하는 단어를 따라 써 봅시다.

table

식탁 · 테이블

table

table

table

toy

장난감 · 토이

toy

toy

toy

truck

트럭 · 츄럭

truck

truck

truck

알파벳 대문자와 소문자가 같은 것끼리 선으로 연결해 봅시다.

S · · q queen

Q · · r rain

T · · s sea

R · · t taxi

알파벳 A·a의 대문자와 소문자를 써 봅시다.

UNCLE

유-

U U U U U U

umbrella

유-

u u u u u u

알파벳 a로 시작하는 단어를 따라 써 봅시다.

uniform

제복 · 유니폼

uniform

uniform

uniform

use

사용하다, 유-즈

use

use

use

under

~아래에 · 언덜

under

under

under

알파벳 A·a의 대문자와 소문자를 써 봅시다.

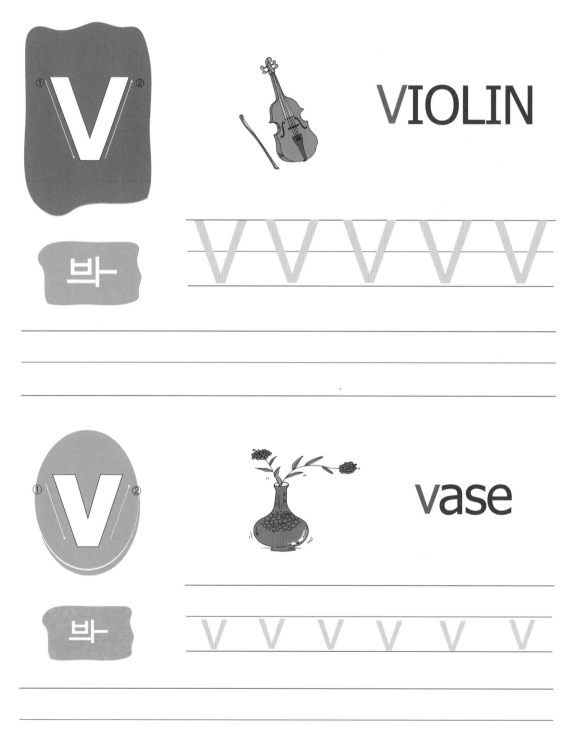

VIOLIN

V V V V V

vase

V V V V V V

알파벳 a로 시작하는 단어를 따라 써 봅시다.

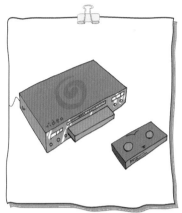

video

visit

voice

비디오 · 브이디오

방문하다 · 뷔짓

목소리 · 보이스

video

visit

voice

video

visit

voice

video

visit

voice

알파벳 A·a의 대문자와 소문자를 써 봅시다.

더블유

WATCH

W W W W

더블유

wind

W W W W W

알파벳 a로 시작하는 단어를 따라 써 봅시다.

window   way   woman

창문 · 윈도우   길 · 웨이   여자 · 우먼

window   way   woman

window   way   woman

window   way   woman

알파벳 A·a의 대문자와 소문자를 써 봅시다.

  X-RAY

  xmas

알파벳 a로 시작하는 단어를 따라 써 봅시다.

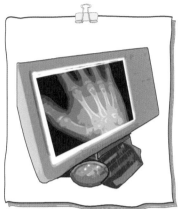

xylophone   x-ray   xmas

실로폰 · 자일러폰   엑스레이 · 엑쓰레이   크리스마스 · 크리스머스

xylophone   x-ray   xmas

xylophone   x-ray   xmas

xylophone   x-ray   xmas

알파벳 대문자와 소문자가 같은 것끼리 선으로 연결해 봅시다.

  U · · X  xmas

  V · · u  uncle

  W · · v  visit

  X · · W  woman

그림 속에서 알파벳 u, v, w, x, y, z 소문자를 찾아 보세요.

알파벳 A·a의 대문자와 소문자를 써 봅시다.

Y

와이

YOUNG

Y Y Y Y Y

y

와이

yellow

y y y y y y y

알파벳 a로 시작하는 단어를 따라 써 봅시다.

yard   young   yellow

마당 · 야드   젊은 · 영   노란 · 옐로우

yard   young   yellow

yard   young   yellow

yard   young   yellow

알파벳 A·a의 대문자와 소문자를 써 봅시다.

ZOO

Z Z Z Z Z

zebra

Z Z Z Z Z Z

알파벳 a로 시작하는 단어를 따라 써 봅시다.

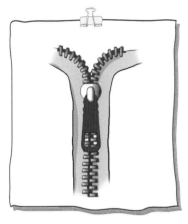  

zipper   zoo   zebra

지퍼 · 지퍼-ㄹ   동물원 · 주-   얼룩말 · 제브러

zipper   zoo   zebra

zipper   zoo   zebra

zipper   zoo   zebra

1.가족

brother

남자형제 브라더-

family

가족 페믈리

father

아버지 퐈-덜

mom

엄마 맘

mother

어머니 머덜

parent

부모님 페어뤄ㄴ트

sister

여자형제 씨스털

son

아들 썬

uncle

아저씨 엉끌

brother
형제

brother　　brother

family
가족

family　　family

father
아버지

father　　father

mom
엄마

mom   mom

mother
어머니

mother mother

parent
부모님

parent   parent

sister

여자형제

sister   sister

son

아들

son   son

uncle

아저씨

uncle   uncle

apartment

아파트 아파-알트먼트

bed

침대 뱃

door

문 도얼

garden

정원 가-ㄹ든

home

집 홈

room

방 루-움

sofa

소파 쏘우풔

stair

계단 스떼어

window

창 윈도우

apartment

아파트

apartment

bed

침대

bed   bed   bed

door

문

door door   door

garden

정원

garden garden

home

집

home home

room

방

room room

78

sofa

소파

sofa   sofa   sofa

stair

계단

stair   stair   stair

window

창

window

bag

가방 백

book

책 북

class

학급 클래스

desk

책상 데스크

learn

배우다 러-ㄹ언

lesson

수업 렛쓴

school

학교 스꾸-울

student

학생 스츄-던트

teach

가르치다 티-취

bag

가방

bag bag bag

book

책

book book book

class

학급

class class class

81

desk

책상

desk   desk

learn

배우다

learn   learn

lesson

수업

lesson   lesson

school

학교

school   school

student

학생

student   student

teacher

선생님

teacher   teacher

1. 다음 그림과 맞은 단어에 O표를 해 봅시다.

(1)

day   candy   key

(2)

car   ice   dish

(3)

dial   candy   lamp

(4)

jam   card   door

2. 아래 □ 속에서 단어를 보고 알맞은 알파벳을 찾아 빈칸에 써 넣으세요.

(1)

□ed

(2)

□ruck

(3)

□hoe

(4)

s□gar

(5)

q□een

(6)

r□bbon

(7)

sk□

(8)

televisio□

(9)

ros□

s u i r y n t e

body

몸,신체 바디

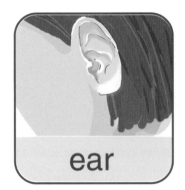

ear

귀 이얼

eye

눈 아이

face

얼굴 퓨페이스

hair

머리카락,털 헤얼

hand

손 핸드

head

머리 헤드

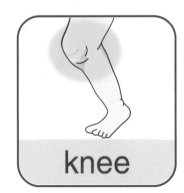

knee

무릎 니

mouth

입 마웃쓰

body

몸

body   body

ear

귀

ear   ear   ear

eye

눈

eye   eye   eye

face

얼굴

face face face

hair

머리카락

hair hair hair

hand

손

hand hand

head

머리

head   head

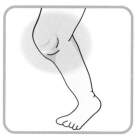

knee

무릎

knee   knee

mouth

입

mouth   mouth

bread

빵 브레드

cake

케이크 케이크

candy

사탕 캔디

cream

크림 크림

egg

달걀 에그

food

음식 푸-드

juice

쥬스 쥬-스

milk

우유 밀크

salad

샐러드 샐러드

bread

빵

bread   bread

cake

케이크

cake cake cake

candy

사탕

candy   candy

cream

크림

cream   cream

egg

달걀

egg   egg   egg

food

음식

food   food

juice

쥬스

juice juice juice

milk

우유

milk milk milk

salad

샐러드

salad salad

93

apple

사과 애쁠

banana

바나나 버내너

corn

옥수수 콘

cucumber

오이 큐컴벌

fruit

과일 푸룻-ㅌ

grape

포도 그레입

pear

배 페얼

strawberry

딸기 스뜨뤄-베뤼

tomato

토마토 터메이토

apple
사과

apple   apple

banana
바나나

banana banana

corn
옥수수

corn corn corn

cucumber

오이

cucumber

fruit

과일

fruit fruit fruit

grape

포도

grape grape

pear
배

pear   pear   pear

strawberry
딸기

strawberry

tomato
토마토

tomato   tomato

1. 다음 그림과 맞은 단어를 서로 선으로 연결해 봅시다.

(1)

(2)

(3)

(4)

(5)

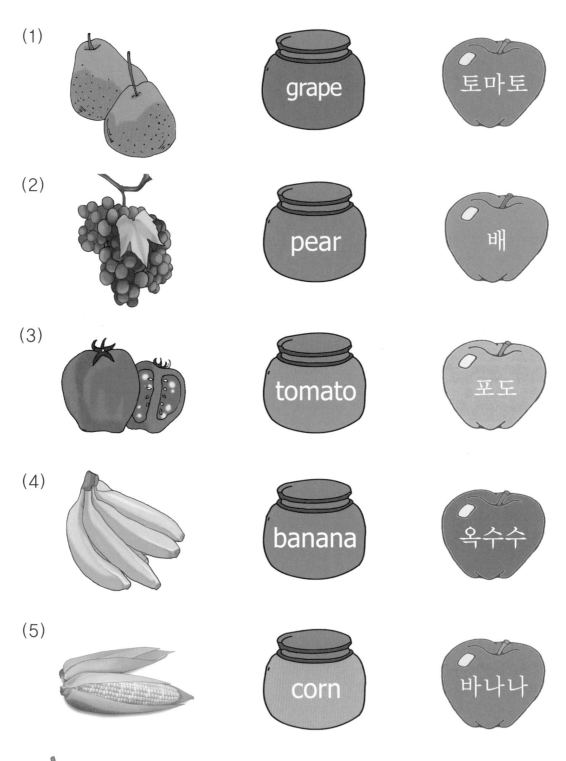

2. 서로 맞는 것끼리 선으로 연결하세요.

insect ·

· JUICE

knife ·

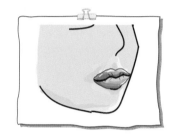

· LIP

glass ·

· KNIFE

juice ·

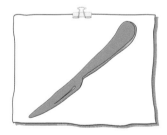

· INSECT

lip ·

· GLASS

airplane

비행기 에얼플레인

boat

작은 배 보우트

bus

버스 버스

car

자동차 카ㅡ르

ship

배 쉽

subway

지하철 써브웨이

taxi

택시 택씨

train

기차 츄뢰인

truck

트럭 츄럭

airplane

비행기

airplane airplane

boat

작은 배

boat boat boat

bus

버스

bus bus bus

car

자동차

car car car

ship

배

ship ship ship

subway

지하철

subway subway

taxi

택시

taxi   taxi   taxi

train

기차

train   train   train

truck

트럭

truck   truck

air

공기 에어르

cloud

구름 클라우드

field

들판 퓌-ㄹ드

island

섬 아일런드

lake

호수 레익

moon

달 무-ㄴ

river

강 뤼버-ㄹ

sea

바다 씨-

sky

하늘 스까이

air

공기

air air air air

cloud

구름

cloud cloud

field

들판

field field field

island

섬

island   island

lake

호수

lake   lake   lake

moon

달

moon   moon

river

강

river river river

sea

바다

sea sea sea

sky

하늘

sky sky sky

ant

개미 앤트

bear

곰 베어-ㄹ

cat

고양이 캣

dog

개 더-ㄱ

lion

사자 라이언

monkey

원숭이 멍끼

pig

돼지 픽

tiger

호랑이 타이걸

zoo

동물원 주-

ant

개미

ant   ant   ant

bear

곰

bear   bear   bear

cat

고양이

cat   cat   cat

dog
개

dog   dog   dog

lion
사자

lion   lion   lion

monkey
원숭이

monkey   monkey

pig

돼지

pig   pig   pig

tiger

호랑이

tiger   tiger   tiger

zoo

동물원

zoo   zoo   zoo

10.시간,계절

April

4월 에이쁘릴

day

낮,하루 데이

moming

아침 모-ㄹ닝

night

밤 나잇

noon

정오,한낮 눈

season

계절 씨-즌

summer

여름 써머ㄹ

today

오늘 투데이

winter

겨울 윈터얼

April

4월

April April April

day

낮, 하루

day day day

moming

아침

moming moming

night

밤

night   night

noon

정오, 한 낮

noon   noon

season

계절

season   season

summer

여름

summer summer

today

오늘

today today

winter

겨울

winter winter

1. 다음 그림과 맞은 단어를 서로 선으로 연결해 봅시다.

(1)

summer

겨울

(2)

winter

정오

(3)

moming

여름

(4)

night

아침

(5)

noon

밤

2. 서로 맞는 것끼리 선으로 연결하세요.

insect ·

· JUICE

knife ·

· LIP

glass ·

· KNIFE

juice ·

· INSECT

lip ·

· GLASS

captain

선장,우두머리 **캡틴**

cook

요리사 **쿡**

doctor

의사 **닥터ㄹ**

job

일,직업 **좝**

nurse

간호사 **널쓰**

pilot

조종사 **파일럿**

police

경찰 **펄리ㅡ스**

king

왕 **킹**

lead

인도하다 **리드**

captain

선장, 우두머리

captain　captain

cook

요리사

cook cook cook

doctor

의사

doctor　doctor

job

직업

job job job job

nurse

간호사

nurse nurse

pilot

조종사

pilot pilot pilot

police

경찰

police police

king

왕

king king king

lead

인도하다

lead lead lead

12.대립어

(1)

large
큰 라-르쥐

(1)
small
작은 스모-르

(4)
down
아래로 아래로

(2)
heavy
무거운 헤뷔

(2)
light
가벼운 라잇트

(4)

up
위쪽으로 엎

(3)

left
왼쪽, 왼쪽의 레프트

(3)

right
오른쪽 롸잇트

large

큰

large　　large

small

작은

small　　small

heavy

무거운

heavy　　heavy

light
가벼운

light light light

left
왼쪽, 왼쪽의

left left left

right
오른쪽

right right right

down

아래로

down   down

up

위쪽으로

up up up up

(5) quick
빠른 퀵

(5) slow
느린 슬로우

(8) young
젊은 영

(6) sell
팔다 쎌

(6) buy
사다 바이

(8) old
늙은 브라더-

(7) little
작은 리틀

(7) big
큰 빅

quick

빠른

quick   quick

slow

느린

slow   slow

sell

팔다

sell   sell

buy

사다

buy buy buy

little

작은

little little little

big

큰

big big big big

128

young

젊은

young   young

old

늙은

old old old old

해 답

 A c cat

 B d deer

 C a apple

 D b baby

 G g gas

 E e ear

 F f food

 H h hand

 I l leg

 L i ice

 K j juice

 J k key

 O p pen

 P o old

 M n neck

 N m mail

p,52p

  q  queen

  r rain

  s sea

  t taxi

p,62p

  X xmas

  u uncle

  v visit

  w woman

p,80p

① key   ② ice

③ lamp   ④ jam

p,81p

① red   ② truck

③ shoe   ④ sugar

⑤ queen   ⑥ ribbon

⑦ sky   ⑧ television

⑨ rose

p,94p

① 배 pear ② 포도 grape

③ 토마토 tomato

④ 바나나 banana

⑤ 옥수수 corn

p,112p

① 밤 night

② 여름 summer

③ 겨울 winter

④ 정오 noon

⑤ 아침 moming

뉴-영어 교과서 따라쓰기
(알파벳 · 단어편)

초판 1쇄 발행 2016년 4월 20일

글 Y & M 어학 연구소

펴낸이 서영희 | **펴낸곳** 와이 앤 엠

편집 임명아 | **책임교정** 하연정

본문인쇄 명성 인쇄 | **제책** 정화 제책

제작 이윤식 | **마케팅** 강성태

주소 120-848 서울시 서대문구 홍은동 376-28

전화 (02)308-3891 | Fax (02)308-3892

E-mail yam3891@naver.com

등록 2007년 8월 29일 제312-2007-000040호

ISBN 978-89-93557-70-1 63740

본사는 출판물 윤리강령을 준수합니다.